DISCOURS.

IMPRIMÉ CHEZ PAUL RENOUARD,
RUE GARANCIÈRE, 5.

DISCOURS

SUR

L'ENSEIGNEMENT DU DROIT

EN FRANCE,

AVANT ET DEPUIS LA CRÉATION DES ÉCOLES ACTUELLES,

PRONONCÉ LE 5 NOVEMBRE 1838,

A la séance solennelle de rentrée, de la Faculté
de droit de Paris;

PAR M. BERRIAT-SAINT-PRIX.

PARIS,

CHEZ C.-H. LANGLOIS, LIBRAIRE,

RUE DES GRÈS-SORBONNE, 10.

1838.

DISCOURS

SUR

L'ENSEIGNEMENT DU DROIT

EN FRANCE,

AVANT ET DEPUIS LA CRÉATION DES ÉCOLES ACTUELLES,

PRONONCÉ LE 5 NOVEMBRE 1838,

**A la séance solennelle de rentrée, de la Faculté
de droit de Paris.**

Messieurs,

Le Conseil royal de l'Université, avec l'approbation de monsieur le Ministre de l'instruction publique, vient de décider (1) que l'ouverture des cours de notre école se ferait chaque

(1) Arrêté du 26 octobre 1838.

année en séance publique. Nous nous empressons de nous associer à cette idée heureuse(1) et de la mettre en quelque sorte à exécution... seulement nous vous demanderons de l'indulgence pour notre début. Informés à peine depuis trois jours, de l'arrêté du conseil (2),

(1) Le nombre immense des auditeurs (la salle était absolument pleine, même avant l'heure de l'ouverture, bien qu'on se fût borné à annoncer la séance par un affiche manuscrite placée à la porte de l'école), et l'intérêt qu'ils ont témoigné prendre à la solennité, quoique réduite au discours actuel composé si précipitamment, prouvent que nous avons eu raison de qualifier ainsi cette idée.

(2) Inséré dans le journal de l'Instruction publique du 27 octobre, et dans le Moniteur du 30, il a été envoyé officiellement au doyen de l'Ecole de Droit, le 1er novembre, par M. Rousselle, inspecteur général de l'Université, chargé de l'administration de l'Académie de Paris, avec invitation de le mettre à exécution dès cette année, et avis que le doyen devra présider la solennité (elle a été présidée par M. B. S. P., doyen par interim, M. Blondeau étant absent par congé).

nous n'avons pas eu le loisir de faire toutes les préparations nécessaires pour rendre cette première séance d'ouverture, aussi intéressante que cela serait à desirer, et que les suivantes le seront sans doute à l'avenir.

Ce qui pourrait en effet donner de l'attrait à ces sortes de solennités, ce serait la lecture d'un ou de plusieurs mémoires relatifs à des points de droit ou de jurisprudence, qui eussent en même temps du rapport avec la littérature, ou avec l'histoire, ou les sciences (1), comme on le pratiqua, dans plusieurs écoles de droit, pendant les premières années après leur création, entre autres dans l'école de Grenoble (2).

(1) Des professeurs ont déjà promis de préparer des mémoires pour la séance d'ouverture de 1839.

(2) Séances publiques de clôture et de rentrée, des 29 août 1807, et 2 novembre 1808. L'auteur du présent discours prononça dans la première, un *Discours sur les vices du langage judiciaire*, qui a été publié en janvier 1809, dans le Magasin encyclopédique de Millin (t. 1,

Nous nous sommes rappelé le sujet d'un des mémoires que nous voulions composer pour l'une de ces séances, lorsqu'elles tombèrent en désuétude. Il s'agit d'un coup-d'œil sur l'enseignement du droit en France avant la création des écoles, comparé avec l'enseignement postérieur. Il nous a paru approprié à la circonstance actuelle, puisqu'il pourra servir aux élèves, soit à apprécier leur position, soit à apprendre ce qu'ils ont à faire et ce qui leur est utile de faire pendant la présente année scholaire.

p. 1re et suiv.), et réimprimé avec des corrections et additions, en 1835, dans le journal des Avoués (t. XLIX, p. 389 et suiv.)... Il lut dans la seconde, des *Recherches sur les divers modes de publications des lois,* depuis les Romains jusqu'à nos jours. Ces recherches ont été publiées en septembre 1809, dans le même Magasin (t. V, p. 62 et suiv.), et réimprimées en février 1838, aussi avec des additions et corrections, dans la Revue étrangère de législation, de M. Fœlix (t. II, p. 279 et suiv.)... Des exemplaires de chacun de ces opuscules ont été tirés séparément (Paris, C.-H. Langlois).

Mais, nous le répétons, n'ayant pas même eu le temps de rassembler ou de coordonner tous nos matériaux, dont plusieurs sont tirés de documens manuscrits et inédits (1), nous réclamons l'indulgence de nos auditeurs, surtout pour les fautes de rédaction, inséparables d'un travail précipité, où il nous a été impossible de mettre à profit le précepte célèbre de Boileau, qu'aucun écrivain ne devrait jamais perdre de vue :

> Ajoutez quelquefois et souvent effacez. (2)

(1) Registres des universités et des mairies de Bourges, de Grenoble, de Paris, de Valence... Archives des mêmes villes, ou de leurs préfectures, etc., etc.

(2) Art poétique, chant 1, vers 174.

Brossette, premier commentateur de Boileau, cite comme source de ce vers, le fragment suivant d'Horace (satire 10, v. 72) :

> Sæpe stylum vertas, iterum quæ digna legi sunt
> Scripturus....

Mais combien, ce que ne remarque point Brossette,

Les écoles de droit furent créées en France
à diverses époques. Quelques-unes remontent
au xii° siècle; d'autres (celle de Dijon) datent
seulement du xviii° (1). Comme elles faisaient
partie des établissemens généraux d'instruction nommés Universités (*studia generalia*),

l'imitateur l'emporte sur l'auteur original, par la pré-
cision et l'énergie !

(1) Elle fut érigée en 1723. Voir notre *Histoire de
l'Université de Grenoble*, Mémoires de la Société royale
des Antiquaires de France, t. iii, p. 451, partie du texte
correspondant à la note 131 (on réimprime à présent
cette histoire, à Valence, avec des corrections et beaucoup
d'additions, pour la Revue du Dauphiné).

Selon Bruneau (Supplément au Traité des criées, p. 49
et suiv.), les plus anciennes universités, telles que Toulouse, Orléans et Montpellier, remontent seulement au
xiii° siècle... Cependant Placentin enseignait le droit dans
celle-ci, dès le xii° (V. notre *Histoire du Droit romain et
de Cujas*, 1821, p. 312 et suiv.).. Nous ne parlons point de
l'Université de Paris, bien plus ancienne, parce que l'enseignement du droit n'y remonte pas à deux siècles (édit
de 1679, cité ci-après, article 1er).

et comme les papes, dans le principe, créaient seuls des universités, il faudrait avoir recours à des bulles anciennes et dont il existe rarement des traces, pour connaître avec une exactitude rigoureuse, la composition et le régime des plus anciennes. Nous sommes forcés d'en juger d'après leur état au xviiie siècle, et cela est suffisant pour notre objet, parce que presque toutes se ressemblaient alors, à de très légères différences près.

Toutefois, avant d'y venir, il est une observation importante à présenter.

Les écoles françaises de droit jetèrent un éclat extraordinaire au xvie siècle. On venait les fréquenter de toutes les parties de l'Europe (1). Le droit, à cette époque et surtout le droit romain, était en quelque sorte placé à la tête des connaissances humaines, chose

(1) Il y avait à Bourges, des quartiers affectionnés par les étudians de diverses nations, pour leur résidence; par exemple, le quartier des Allemands...

peu surprenante vu le peu de progrès qu'on avait fait jusque-là, dans les autres branches des sciences. Les enfans des maisons souveraines eux-mêmes se livraient à son étude. On vit en 1556, le prince Herman-Louis, fils de Frédéric-le-pieux, électeur palatin, venir à Bourges (il y périt ensuite d'un accident funeste), assister aux leçons de Duarein, de Doneau et de Cujas (1), et, au commencement du

(1) Il se noya avec son gouverneur dans l'Auron, gros ruisseau, alors extraordinairement enflé par des pluies. Un auteur allemand (David Chytrie, Epistolæ, Hanoviæ, 1614), dans une lettre datée de 1593, et, sans doute d'après lui, Moréri (mot Bavière, n. ix), fixent cet évènement au 1er juillet. Mais Chaumeau qui le fixe au 1er août, nous paraît mériter plus de confiance, parce que son ouvrage (Histoire de Berry, in-fol., 1566), fut publié à peine dix ans après. — *Voir* aussi sur cet évènement, Jodoci Sinceri, Itinerarium Galliæ, 1649, p. 35; La Thaumassière, Histoire du Berry, p. 185, et quant aux professeurs sous lesquels Herman-Louis put étudier, notre Histoire du Droit romain et de Cujas, déjà citée, p. 382 et 582, et suiv.

siècle suivant, le grand Condé, ce

Condé dont le seul nom fait tomber les murailles.
Force les escadrons et gagne les batailles! (1)

se distinguer sous le professorat d'Edmond
Mérille, un des plus habiles successeurs des
mêmes jurisconsultes. (2)

(1) Boileau, épître iv, vers 133, 134.

(2) Mérille fut professeur à Bourges, de 1612 à
1647 (Répert. Manuscrit de la mairie de Bourges, feuil-
lets 1 et 18; Regist. Manuscrit des délibérat. de l'Université, 1636 et suiv., f. 3, 26, 47, 79).

Condé dut étudier sous lui, vers 1637 (trois ans avant
sa 1re campagne). En effet, dans le livre 1er, chap. 26 de
ses Observations, publiées le 23 décembre 1637 (l'épître
dédicatoire est datée du 10 des kalendes de janvier
1638), il dit, p. 109, qu'il était incertain sur le sens d'un
passage des instituts de Théophile, et ajoute « eam dubita-
« tionem moverat mihi suo ingenio excellentissimo ut
« plerasque alias, illustrissimus princeps Ludovicus Bor-
« bonius, dux Enguineus, cum ei *nuper* institutiones im-
« periales et paraphrasim Theophili percurrerem. » (Voir
aussi la Thaumassière, Histoire du Berry, p. 71.)

De tels succès furent dus aux talens et à la vaste érudition de beaucoup de professeurs, les Cujas, les Doneau, les Duarein, les Govéa, les Hottoman, les Beaudoin et une foule d'autres (1), dont la science dans le droit romain n'a point été surpassée par les modernes, et dont les ouvrages nous servent encore souvent de guides, malgré les variations extraordinaires de notre législation. (2)

Ils eurent quelques successeurs de grand

(1) Voir même Histoire du Droit et de Cujas, §§ des Écoles de Bourges et de Valence, p. 582 et suiv.

(2) On peut en juger par le prix qu'on met aujourd'hui aux œuvres de plusieurs d'entre eux. La dernière édition de Cujas, en 12 volumes in-fol., commencée à Venise en 1758, et finie à Modène en 1783, se vend jusqu'à 250 francs, reliée, et le Promptuarium ou Table méthodique des lois discutées par l'auteur, formant deux volumes reliés en un seul, jusques à 100 francs... On demande aujourd'hui plus de 200 francs, de la dernière édition des Commentaires de Doneau (12 vol. in-fol., Rome et Macerata, 1828 à 1833).

mérite, quoique d'un talent moins relevé, au commencement du xvii° siècle ; mais bientôt la médiocrité des professeurs depuis le milieu du même siècle, jointe à beaucoup d'autres circonstances, amenèrent la décadence des écoles (1); au xviii° siècle, elles étaient presque

(1) Dès 1610, on se plaignait de celle de la plus célèbre de toutes, l'école de Bourges. On tint à ce sujet, le 18 juillet, à la mairie, une grande assemblée. Au lieu de cinq ou six docteurs-régens (professeurs), il n'y en avait plus, dit-on, que deux avec l'Institutaire (l'enseignement des instituts était alors confié à un simple agrégé), et l'on avait en vain essayé d'en attirer d'autres qui eussent de la réputation, tels que Lacoste (Janus-à-Costa). On conclut (arrêta) qu'on ferait publier l'ouverture d'un concours pour la nomination à deux des chaires vacantes (Regist. Mss. des délibérations de la ville de Bourges, même date, f. 193 à 196). Malgré ces mesures, si l'on excepte Mérille, on ne trouve parmi les professeurs élus dans la suite, aucun nom un peu connu (Voir leur liste dans Bruneau, et dans la Thaumassière, suprà). Aussi Louis XIV, dans l'édit de 1679 que nous allons citer, enjoignit-il (art. 3) aux écoles, de donner leur avis sur les

toutes abandonnées par les élèves, que ne purent même ramener quelques grands juris-consultes, comme Pothier, qui y parurent de temps à autre. (1)

Les élèves ne pensaient plus à se procurer de l'instruction; ils ne songeaient qu'à une chose, à obtenir, ou plutôt à acheter des grades.

Les ordonnances étaient pourtant alors,

mesures à prendre pour le *rétablissement des études de Droit.*

(1) Voyez, au sujet des fonctions de Pothier (professeur et juge à Orléans), nos *Réflexions et Recherches sur le serment judiciaire*, dans la Revue de législation de M. Wolowski, 1838, t. VIII, p. 263 à 265.

« Nous ferons (disait Louis XVI, dans une de ses fa-« meuses ordonnances du mois de mai 1788) surveiller « de plus près les études dans nos universités, et elles « seront constatées par des épreuves et des examens plus « sévères. La réforme de nos facultés de droit est arrê-« tée et sera bientôt mise à exécution dans toute sa ri-« gueur. »

excepté pour les majeurs de vingt-quatre ans, encore plus rigoureuses que ne le sont aujourd'hui nos lois et nos réglemens universitaires. Elles voulaient par exemple (1), que les élèves mineurs de vingt-quatre ans ne pussent être admis au 1er degré ou grade, c'est-à-dire au baccalauréat, qu'après avoir fait deux années d'études, et subi un examen et ensuite soutenu une thèse pendant deux heures; et, au second grade, ou à la licence, qu'après avoir fait une troisième année d'études et subi un second examen, suivi d'une seconde thèse soutenue pendant trois heures; et, enfin, que chaque année d'étude serait constatée par quatre inscriptions prises individuellement et écrites par l'élève lui-même, de trois mois en trois mois (six mois d'études et

(1) Edit d'avril 1679, art. 6, 7 et 15; déclarations des 6 août 1682 (art. 22), 17 novembre 1690, et 19 janvier 1700, conférées, dans le Recueil des anciennes lois françaises, de MM. Isambert, Decruzy et Taillandier, tom. XIX, p. 197, 199 et 406, tom. XX, p. 111 et 112.

deux examens et thèses suffisaient aux majeurs de vingt-quatre ans.)

Vaines précautions!... Dans beaucoup d'écoles, à l'aide de registres distincts et antidatés, l'un de trois mois, l'autre de six mois, et ainsi de suite jusqu'à une ou deux années, on supposait audacieusement des inscriptions prises dans les intervalles légaux; et un candidat, qui n'avait jamais paru dans la ville où siégeait une école, était admis à subir son examen et sa thèse dès le surlendemain, quelquefois dès le jour même de son arrivée. Les professeurs appelaient cela délivrer des grades *per saltum*, c'est-à-dire en sautant ou franchissant les études préliminaires. (1)

La manière de faire subir la thèse et l'examen n'était pas moins scandaleuse. On four-

(1) Voir Mémoire du Parlement de Grenoble, dans la même Histoire de l'Université, au passage cité ci-dev. note 1, p. 10 — Voir aussi à la fin de notre Discours, la note A.

nissait aux candidats, soit la thèse avec quelques argumens et leur réfutation, soit les
questions d'examen en fort petit nombre, avec
les réponses, en leur insinuant parfois, qu'ils
n'avaient pas besoin d'en fatiguer leur mémoire, et qu'ils pourraient les lire sans scru-
pule, pendant l'examen et la thèse. (1)

Nous avons vu un licencié et un bachelier
être promus tous les deux dans une séance qui
dura à peine une demi-heure; encore une
partie de ce temps fut-elle absorbée par des
salutations aux divers juges et d'autres cérémonies (2), car on était aussi rigoureux sur l'étiquette, que relâché sur l'observation des dispositions essentielles des ordonnances, dont
l'infraction d'ailleurs, était d'autant plus aisée,
que toutes les épreuves se passaient à portes
closes.

On n'était pas plus difficile pour l'admission

(1) Voir la même note A.
(2) Le récit en est dans la même note A.

au doctorat, quelque rare qu'elle fût devenue, parce qu'on l'exigeait seulement pour les fonctions de professeur, de premier président et de procureur général, et que sans doute, le dégoût inspiré par ces simulacres d'épreuves, faisait regarder aux candidats, la dépense où les eût entraînés ce grade, comme un sacrifice qu'aucune compensation ne justifiait.

Il en était bien autrement au xvie siècle. Presque aucun avocat ou juge de cour supérieure ne se dispensait du doctorat.... On le considérait comme le plus important des grades, et avec raison, parce que l'année particulière d'études qu'il exige, est beaucoup plus profitable aux élèves, que les trois années destinées à la licence. Aussi apportait-on le plus grand soin à ses épreuves préliminaires; nous avons des procès-verbaux de ce temps où l'on ne compte pas moins de trente professeurs ou agrégés présens (1) à la thèse (il

(1) Convocation du 4 avril 1562, archives de la mairie de Grenoble, sac 914, liasse 3, n. 45..

suffit aujourd'hui de cinq), et après l'admission
l'on mettait beaucoup de pompe et peut-être
trop de pompe à l'installation du lauréat. Ainsi,
le doyen de l'école l'embrassait, lui mettait le
bonnet, lui passait l'anneau, le ceignait de la
ceinture, le faisait asseoir dans la chaire, l'in-
vitait à ouvrir et à fermer les corps du droit
civil et du droit canonique; etc. (1)

(1) Voici ce qu'on lit dans une collation d'insignes
doctoraux faite en 1545 (même liasse 3, n. 3) à l'université de Grenoble, en faveur d'Antoine de La Rivière :
« Doctorem creatum insigniri curavimus, pileum, infu-
« lis, annulo, cingulo, cathedrâ, libris apertis et clausis,
« osculo et aliis insignibus doctoralibus, quibus Petrus
« Bucherius, collegii Decanus et jure-consultus doctissi-
« mus ritè... illum ornavit. »

On mettait encore plus de pompe dans l'indication des
droits conférés au docteur, comme on peut le voir dans
notre *Coup-d'œil sur l'emploi de la langue latine*, etc.
(Mémoire de la Soc. des Antiquaires, t. VI, p. 292), où
nous rapportons la formule (*Donatum est jura interpre-
tandi*, etc...*ubiquâque terrarum*, etc.) du diplôme du
même La Rivière, en observant que Molière eût été un

Et puisque nous en sommes sur ce point, nous dirons que l'installation d'un professeur de droit, nommé au concours, était bien autrement pompeuse. Jacques Chenu, avocat au bailliage-présidial du Berry (1), ayant obtenu cet honneur à Bourges, toute l'université, en grand costume et en procession, partit d'un monastère établi dans un quartier fort éloigné du sien (2), et s'arrêta devant la mairie. Là,

parodiste plus exact s'il avait fait figurer dans la cérémonie du Malade imaginaire, les juristes au lieu des médecins, dont le diplôme était conçu en termes bien moins pompeux.

(1) Il n'était point, comme nous le présumions d'abord, parent de Jean Chenu, auteur d'un Recueil de réglemens et arrêts, imprimé plusieurs fois au commencement du xviie siècle (v. La Thaumassière, Histoire de Berry, p. 72 et 74).

(2) *Voir* pour les détails de la cérémonie, Reg. Mss. de l'Université de Bourges, feuill. 60 et suiv., et, pour une cérémonie du même genre qui eut lieu en 1584, lors de l'installation de François Ragueau, Reg. Mss. de la mairie de Bourges, même année 1584, f. 132 et suiv.

Chenu, revêtu d'une simple robe noire, précédé de tous les serviteurs de la cité et suivi
du maire et du corps municipal, se joignit au
cortège, qui se rendit sur deux colonnes (1) à
l'université. Arrivés dans la première salle, le
maire prend par la main Chenu et le présente
au doyen comme légitimement élu. On passe
dans la grand'salle où étaient déjà placés tous
les magistrats du bailliage-présidial du Berry,
auxquels se réunirent aussitôt les membres
du conseil municipal. Le recteur monta dans
la grand'chaire devant laquelle et sur une
table, étaient placés les insignes du professorat,
savoir : la robe écarlate doublée de velours
noir, la chaperon aussi d'écarlate, garni d'her-
mine, la chaîne d'or, l'anneau du même métal,
le bonnet garni d'une houpe de soie, et des
corps de droit civil et de droit canonique.

Sur l'ordre du recteur, Chenu, précédé des

(1) Formées, l'une, du corps municipal, l'autre, du corps
de l'Université.

bedeaux de l'université, est introduit et mené par eux à la petite chaire. Il y fait un discours sur l'enseignement du droit et réclame modestement son installation. Le recteur, après un autre discours sur l'importance des fonctions où Chenu a été élevé, lui fait prêter serment à genoux, le revêt lui-même successivement des insignes, lui donne le baiser de paix et le fait asseoir dans la grand'chaire. Chenu, après l'avoir quittée pour donner le même baiser aux assistans, y revient prononcer un discours contenant ses actions de grâces. On va ensuite entendre une messe de musique dans la cathédrale, et l'on reconduit enfin le lauréat jusqu'à son logis. (1)

(1) Suivant une tradition recueillie par M. Chevallier de St-Amand, sous-bibliothécaire de Bourges, en 1823, le récipiendaire retenait à dîner les professeurs, les agrégés, les magistrats, le maire et les conseillers municipaux; les registres n'en font point mention, mais ils constatent un autre usage assez peu concordant avec toute cette pompe. Pendant que le récipiendaire donnait son

Les universités dégénérées, des derniers siècles, avaient abandonné ces cérémonies,

baiser de paix, le concierge de la mairie comptait (aux dépens de la caisse municipale) à chacun des membres présens, soit de l'Université (y compris les dix bedeaux et le sonneur), soit du ministère public, son droit d'assistance (Reg. Mss. de l'université et de la mairie, cités, note 2, page 22). Lors de l'installation de Ragueau, le professeur Mercier, chargé de la *harangue* (sur l'excuse de Cujas), reçut dix écus d'or sol, et Cujas, comme doyen, cinq... On donna seulement aux autres, depuis 5 sous (part du sonneur) jusqu'à 22 sous 6 deniers (part des professeurs de théologie), excepté toutefois au scribe (secrétaire), qui reçut 30 sous.

Combien ces distributions et numérations de sous et de liards paraîtraient aujourd'hui ridicules et surtout inconvenantes ! Il faut toutefois le remarquer ; elles ne devaient pas alors sembler ridicules sous le rapport de la modicité des rétributions. A cette époque, nous l'avons prouvé ailleurs (même *Hist. de l'Université*, p. 400, texte correspondant aux notes 27 à 29), l'argent comparé au prix des denrées, valait alors environ 5 à 6 fois plus qu'à présent (ce serait beaucoup moins si l'on se bornait

4

bien que pour la nomination des professeurs,
elles eussent préféré à la voie dite d'évocation,
ou de conduction, ou de conduite (1), usitée
au xvi⁰ siècle, l'élection par la voie du concours, sujette sans doute à quelques inconvé-
niens, mais offrant aussi d'immenses avanta-

comme des auteurs d'économie politique, à comparer la
valeur du marc de ce temps avec sa valeur actuelle). Les
30 sous du scribe correspondaient donc à 8 ou 9 francs
d'aujourd'hui, honoraires assez raisonnables, tandis que
ceux du Doyen et du *Harangueur*, nous sembleraient
excessifs, puisqu'en partant de la valeur de l'écu d'or
sol, comparée au prix des denrées, ils équivaudraient
pour l'un, à plus de 60 francs, et pour l'autre, à plus de
120 francs de notre temps.

(1) Du mot latin *conductio*, louage, parce que les professeurs *évoqués*, c'est-à-dire appelés sans concours,
étaient ordinairement *conduits*, ou, en d'autres termes,
faisaient un contrat par lequel ils louaient leurs services
pour l'enseignement. *Voir* au reste, même *Hist. de l'Université* de Grenoble, p. 400, texte correspondant à la note
27, et ci-apr. note finale D; et, pour l'évocation, Reg.
Mss. de l'univers. de Bourges, année 1648, f. 20.

ges, et d'ailleurs prescrite par les ordonnances. (1)

Ainsi, le dernier professeur de la célèbre
école de Bourges , un de nos compatriotes, le

(1) Voir, pour les *chaires de professeurs*, ordonnance
de Blois (1579), rendue sur la demande des états généraux de 1576, art. 86; déclaration du 6 août 1682, art.
19... et, pour les *places d'agrégés*, déclaration du 19 janvier 1700 (Recueil des Lois anciennes, etc., t. xv, p. 403;
t. xix, p. 405 ; t. xx, p. 352). — Ces deux dernières lois
sont surtout remarquables, en ce que Louis XIV, dont
elles émanent, s'était réservé la nomination des professeurs de droit français, lorsqu'il les avait établis quelques années auparavant (édit. de 1679, art. 1er et 14;
même tom. xix, p. 196 et 199).

Mais pour qu'un concours obtînt en effet des avantages, il aurait fallu que le gouvernement veillât à ce que
les lois y fussent observées. Une administration vigilante
et ferme aurait-elle souffert par exemple, que le même
Jacques Chenu, resté seul professeur à Bourges, ouvrît
seul, et se constituât juge, aussi tout seul, d'un concours
pour trois chaires (il se fit, il est vrai, assister à *presque
toutes* les séances, par 3 magistrats, mais comme simples

vénérable Ruelle, que nous eûmes encore le plaisir de voir dans cette ville lors d'un voyage que nous y fîmes en 1823, pour des recherches sur Cujas, avait été nommé à un concours, en 1765.

Ainsi, vers 1784, un Italien, nommé Valetti (1), avait obtenu après des épreuves vivement soutenues dans un concours, une place d'agrégé à l'université de Valence.

Ainsi, à la fin de 1789 et au commencement

conseils), et d'un concours où son gendre était candidat, et qu'il y pourvut ce même gendre de la 1re des chaires (voir Reg. mss. de l'Université de Bourges, années 1650 et 1651, f. 94 à 111)?.

(1) Ce concours avait donc offert l'avantage d'amener à Valence, un étranger, observation qui s'applique aussi à Ruelle, né et élevé dans des lieux (Lamure et Grenoble, département de l'Isère) fort éloignés de Bourges et n'ayant aucune relation avec cette ville.

Ruelle (Pierre) est mort à Bourges, le 11 déc. 1826.

La nomination de Valetti fut attaquée par un de ses concurrens, nommé Léon, et maintenue après plusieurs audiences, par un arrêt du parlement de Grenoble.

de 1790, dans le courant de la première année
de la révolution, l'on avait tenu à Paris, un
concours (1) pour deux places d'agrégés, et on
les avait conférées, la première, à un jurisconsulte qui a occupé long-temps le fauteuil où
nous sommes assis, feu M. Delvincourt, dont
la rectitude de jugement en matière de droit,
la sagacité, la perspicacité ont laissé de
longs et profonds souvenirs... (2) La seconde,
à un autre jurisconsulte que nous avons vu
assister avec exactitude à presque tous nos

(1) Ouvert le 26 novembre 1789, terminé le 30 janvier 1790 (Reg. mss. des délibér. de la Faculté de Droit,
mêmes dates, pag. 962 et suiv.)

(2) Il obtint l'unanimité des suffrages (M. Giraudet, la
simple majorité). Il fut depuis, nommé professeur de droit
civil à l'École de Paris, lors de sa création en 1805, et
ensuite, en 1809, doyen, fonctions qu'il a remplies jusqu'à
la fin de juillet 1830. On n'a pas d'exemple de décanat
aussi long. Dans diverses écoles il pouvait, d'après ce
que nous avons ouï dire, durer deux ans, dans d'autres,
trois.... A Paris, autrefois, une année (même Reg., p. 14,
32, 65, 98, 118, 143, etc.). Le décret organique

concours, se plaçant modestement à côté de la petite chaire, feu M. Giraudet, procureur général à la Cour criminelle de Versailles et ensuite premier avocat général à la Cour impériale de Paris , dont la mise à la retraite honore à jamais la mémoire, si la cause qu'on y attribue est réelle.... (1) Et, s'il était permis de citer des personnes vivantes, nous ajoute-

des écoles actuelles (4e complém. an XIII, art. 18) en fixe la durée à trois ans, avec rééligibilité.

Claude-Etienne Delvincourt, né à Paris, le 4 septembre 1762, y est mort le 23 octobre 1831.

(1) Il était chargé de soutenir l'accusation dans la poursuite, si nous nous le rappelons bien, d'un vol considérable fait à un parent de l'empereur. La veille de l'audience arriva la nouvelle du désastre de Waterloo : on lui insinua (nous le tenons de lui-même) qu'il ferait bien d'abandonner l'accusation ; il répondit que, pour lui, le crime était crime sous tous les régimes, dans toutes les révolutions, et il persista. A quelques excès que puisse entraîner l'esprit de parti, nous ne saurions nous persuader qu'on ait réformé Giraudet pour une conduite qui aurait dû au contraire lui procurer de l'avancement.

rions qu'à ces mêmes concours, le respectable doyen de nos professeurs suppléans a fait ses premières armes. (1)

Il est à présent naturel de se demander comment plusieurs écoles avec des professeurs de grand mérite, avaient pu être abandonnées par les élèves ?.... Comment, du moins telle était l'opinion générale en 1789, comment il ne restait plus d'enseignement effectif dans les universités françaises, si ce n'est à Toulouse, pour le droit, et à Montpellier, pour la médecine ?.... La scandaleuse collation des grades *per saltum*, dont nous avons parlé, résout ce problème. La paresse et l'économie entraînaient les élèves aux écoles où elle commença à être en pratique, à Reims, à Orange, à Avignon entre autres (2), et les écoles enseignantes privées ainsi de presque tous leurs revenus, se

(1) M. Simon (Reg. mss. cité précédemment).

(2) Ils n'en étaient pas détournés par les quolibets auxquels ils s'exposaient (vous vous êtes fait *rincer*... on vous a *passé* à la fleur d'orange....)

déterminèrent à les imiter. Nous connaissons particulièrement les plaintes que faisait avant la révolution, l'université de Valence contre celle d'Orange, et nous avons lu dans les registres de celle de Bourges, les réclamations qu'elle élevait contre l'école d'Avignon. (1)

On se demandera encore, comment l'autorité publique consacrait, en quelque sorte, des abus si graves et si nuisibles....? Nous devons dire qu'elle avait cherché souvent à y remédier. Sa surveillance s'était même déjà manifestée à une époque où il existait encore un reste d'enseignement, puisque des déclarations ou arrêts de 1700 et 1712 défendent aux répétiteurs d'être examinateurs, et enjoignent aux élèves de résider dans la ville, où ils étudient, sous peine de déchéance du temps d'étude et même du grade obtenu. (2)

(1) Correspondance manuscrite avec Barentin (nous en parlerons plus loin).

(2) Déclaration du 19 janvier 1700, citée ci-devant note 1, pag. 27; autre déclaration du 2 août 1712, indi-

Elle cherchait aussi à écarter en quelque sorte, les écoles où les abus étaient le plus crians; ainsi, dès 1738, une commission nommée par l'illustre chancelier d'Aguesseau, proposait de supprimer l'université d'Orange et de transférer celle de Valence à Grenoble, ville où siégeaient plusieurs cours souveraines, et cette proposition fut renouvelée pendant quarante ou cinquante ans (1); mais soit mollesse, soit distraction causée par des évènemens tenant à une haute politique, ces mesures et autres semblables avaient été négli-

quée seulement dans e Recueil des lois anciennes, t. xx, p. 574, mais transcrite dans les registres de l'Université de Bourges, même année, f. 71; arrêt du Parlement de Paris, du 9 août 1700, transcrit ibid., f. 18.

La déclaration du 19 janvier 1700, exige même que, pour être reçu avocat, on joigne aux lettres de licence les certificats d'examen et d'admission de tous les examinateurs.

(1) Voir même Histoire de l'Université de Grenoble, p. 448, texte correspondant aux notes 128 à 133.

gées. Enfin, en 1786, le garde-des-sceaux Miro-
ménil, chargea les docteurs d'honneur de Paris
et à leur tête, Charles-Louis de Barentin, depuis garde-des-sceaux lui-même et chancelier
de France, de proposer un plan de réforme,
pour la préparation duquel Barentin avait
déjà ouvert une correspondance fort curieuse
avec les diverses écoles (1), lorsque sa promo-
tion, au ministère en 1788, et les évènemens

(1) Elle est dans les pièces détachées, des archives de
l'université de Bourges.

Les professeurs y formaient une demande que nous
avons vu reproduire de nos jours. Ils voulaient qu'on as-
signât à chaque école un territoire. Barentin (lettre du 15
avril 1786) critiqua fortement cette proposition. « Vous
« avez éprouvé, leur dit-il entre autres, qu'un professeur
« célèbre attirait des étudians de toutes parts. Lorsque
« Cujas parut à Bourges, l'on y accourut en foule. Si les
« circonscriptions de territoire avaient eu lieu, les extra-
« provinciaires n'auraient-ils pas gémi de voir les lu-
« mières de cet homme célèbre ne pouvoir parvenir jus-
« qu'à eux? Pourrait-on, sans injustice, priver notre gé-
« nération ou les suivantes, de semblables avantages? »

graves de cette époque l'empêchèrent sans doute, d'y donner de la suite. (1)

Il résulte de cet exposé, qu'au temps de la révolution de 1789, presque toutes les écoles depuis un demi-siècle au moins, n'étaient utiles quant à l'étude, que pour les élèves des villes où elles siégaient (2), et encore cela n'était-il pas général, car des jeunes gens des mêmes villes, par exemple de Valence et d'Orange, allaient souvent étudier dans d'autres villes comme Grenoble, où il n'y avait pas d'université, mais où des jurisconsultes instruits faisaient des cours particuliers et salariés par leurs auditeurs. (3)

(1) On a vu, p. 16, note 1, par l'ordonnance de mai 1788, qu'on était bien éloigné d'avoir abandonné le projet de réforme.

(2) Au nombre de vingt, savoir : Aix, Angers, Avignon, Besançon, Bordeaux, Bourges, Caen, Dijon, Douai, Montpellier, Nancy, Nantes, Orange, Orléans, Paris, Poitiers, Reims, Strasbourg, Toulouse, Valence.

(3) Il y en avait trois avant la révolution : le père Cy-

Voyons maintenant en quoi consistait l'enseignement pour les élèves habitans des villes
où étaient placées des écoles. Il variait suivant
les bulles ou édits de création; mais dans la
plupart il se réduisait aux quatre objets sui-
vans, confiés à autant de professeurs 1° Instituts (1) de Justinien; 2° Digeste, ou Code;
3° Droit canonique; 4° Droit français, et ce
dernier enseignement, qui sans contredit n'é-
tait pas le moins utile, n'existait que depuis
1679, et grâce à un édit de Louis XIV (2). Les
élèves suivaient la première année le seul
cours d'Instituts; la 2ᵉ, le cours de Digeste

rille, augustin, MM. Froment et Pal, avocats (ce dernier
a été ensuite professeur à l'école de Droit, et recteur de
l'Académie de Grenoble).

(1) Nous avons exposé ailleurs (Histoire du Droit romain, p. 176) les raisons pour lesquelles nous préférions
instituts à *institutes*, adopté par divers auteurs, d'après
Claude de Ferrière; si la question était moins futile,
nous pourrions en ajouter plusieurs autres.

(2) V. plus haut, note 1, p. 10.

ou de Code, avec le cours de droit canonique;
(ils pouvaient alors être reçus bacheliers); la
3ᵉ, le même cours de Digeste ou de Code, avec
le cours de droit français (1).

Ces écoles ou plutôt ces simulacres d'écoles
disparurent vers 1792. Après une lacune de
trois années on leur substitua dans chaque département, une chaire de Législation, faisant
partie des écoles centrales créées au mois de
brumaire en iv (2). La substitution était sans
doute insuffisante. Toutefois, les écoles centrales ne furent point inutiles pendant l'espèce
d'interrègne qui s'écoula jusqu'à la loi du
vingt-deux ventose an xii (13 mars 1804), par
laquelle furent établies les écoles ou facultés
actuelles de droit, loi dont les dispositions ont
été dans la suite perfectionnées par plusieurs
décrets ou ordonnances.

(1) Correspondance citée, note 1, p. 34.

(2) Loi du 3 brumaire an iv (25 octobre 1795), tit.
ii, art. 2, bulletin, n. 1216.

En combinant ces dispositions, voici l'état actuel de l'enseignement dans les neuf écoles de droit françaises. (1)

Trois cours de Code civil, remplacent le cours unique et si insuffisant de droit français des universités, et chacun d'eux doit être suivi pendant les trois années d'études, de telle sorte que les élèves de 1re année suivent celui des trois cours qui est aussi à sa 1re année, et continuent à y assister pendant la 2e et la 3e année.

Un cours d'instituts et de droit romain, et en outre, à Paris, un cours de Pandectes, remplacent les deux cours anciens d'instituts et de code ou digeste. Le cours d'instituts est obligatoire pendant la 1re année d'études, avec le premier cours de Code civil.

Un cours de procédure et de droit criminel, enseignement inconnu jadis, a été substitué au cours de droit canonique, lequel d'ail-

(1) Aix, Caen, Dijon, Grenoble, Paris, Poitiers, Rennes, Strasbourg, Toulouse.

leurs pour les points où il peut être utile ,
comme dans les cas *d'abus ecclésiastique* , est
suppléé soit par les cours des facultés de théologie , soit par le cours de droit administratif. (1)

Le cours de procédure et de droit criminel
doit être suivi la seconde année avec le second
cours de Code civil, et, en outre, à Paris, avec
le cours de Pandectes.

Pendant la troisième année d'études, on suit,
nous l'avons dit , le troisième cours de Code
civil et en outre, les cours de droit commercial et de droit administratif.

Ce simple coup-d'œil montre combien l'enseignement actuel l'emporte sur l'enseignement ancien , et pour le nombre , et pour l'é-
tendue , et pour la diversité des matières; lors
même que nous ne tiendrions pas compte des
cours extraordinaires créés pour diverses éco-

(1) Jurisdiction en cas *d'abus...* voir notre cours de
procédure civile, 6ᵉ édition, p. 102, note 1 *a*.

les, par exemple, des cours de droit des gens
ou de droit public, à Paris, à Strasbourg et
à Toulouse; et à Paris, spécialement, des cours
d'histoire du droit romain et du droit français,
de droit constitutionnel français et de législation pénale comparée (1)... Lors même,
également, que nous n'attacherions aucune

(1) Ce dernier cours est facultatif.. les trois précédens
sont réservés aux études du doctorat.

Quelques personnes avaient vu avec peine la création
du 3e. Elles craignaient que l'exposition des principes
constitutionnels ne remuât les passions de la jeunesse.
L'assemblée constituante n'était pas mue par le même
sentiment. Elle arrêta le 26 septembre 1791 (décret sanc-
tionné le 12 octobre), que dans chaque école de droit,
un des professeurs enseignerait la constitution (celle que
venait d'accepter Louis XVI). La faculté de Paris, à sa
1re assemblée après les vacances (20 novembre), chargea
de cet enseignement le professeur Hardoin (son fils, président à la Cour royale de Paris, a été juge-adjoint dans
deux des concours ouverts récemment à notre école), qui
accepta, et promit de s'en acquitter trois fois par se-
maine (Reg. Mss. de cette Faculté, même année, p. 1019).

importance à la facilité précieuse accordée à
Paris, aux élèves laborieux, d'étudier une
matière sous deux professeurs différens ; car,
s'ils jettent un coup-d'œil sur le programme
des cours, ils verront que les leçons des deux
professeurs de droit romain, des deux professeurs de Code civil, soit de première, soit
de deuxième, soit de troisième année, enfin
des deux professeurs de procédure, se font à
des heures différentes.

L'enseignement actuel n'est pas moins su-
périeur sous le rapport, soit des études exigées
de ceux qui veulent obtenir des grades, soit
des épreuves auxquelles ils sont soumis pour
les obtenir.

Pour les aspirans au simple certificat de capacité, nécessaire pour pouvoir être reçu avoué,
il suffit sans doute d'une année d'études pendant laquelle ils doivent suivre le cours de
procédure et le deuxième cours de Code civil,
et subir un seul examen sur ces matières ;
mais, jadis, il n'y avait ni cours ni examen :

6

on se bornait à la simple pratique chez un procureur, méthode bonne pour former aux règles des actes usuels, mais insuffisante tout-à-fait pour les actes peu communs, et surtout pour la procédure criminelle ; et, d'ailleurs, nous le remarquerons tout-à-l'heure, il a déjà été question d'étendre à deux années, les études des avoués de première instance, et à trois, celles des avoués de cour royale.

Les aspirans au baccalauréat doivent faire deux années d'études. Pendant la première, ils suivent, nous croyons devoir le répéter, le cours de droit romain et le premier cours de Code civil, et pendant la seconde, les mêmes cours que les aspirans de capacité ; et, en outre, à Paris, un cours de Pandectes... Au bout de la première année, et à Paris, au moins, avant la septième inscription, ils doivent subir un examen sur les matières enseignées, faute de quoi ils ne peuvent être admis à prendre cette septième inscription.

Au bout de la seconde année, et, à Paris,

au moins avant la onzième inscription, autre examen sur les matières enseignées, excepté sur les Pandectes, pour lesquelles leur examen est renvoyé à la troisième année... Si ce second examen est favorable, ils obtiennent le grade de bachelier en droit.

Les aspirans à la licence doivent faire une troisième année d'études, et suivre alors, nous le répéterons aussi, le troisième cours de Code civil et les cours de droit commercial et de droit administratif. Pendant cette même année, ils ont deux examens à subir, l'un sur le droit romain et les Pandectes, l'autre sur la dernière moitié à-peu-près du Code civil (1) et sur le droit commercial et le droit administratif.

Après ces examens ils sont tenus de soutenir un acte public, c'est-à-dire une thèse sur des matières tirées au sort, dont l'une est un titre ou chapitre du Code civil, l'autre, un ou

(1) Depuis le titre du contrat de mariage inclusivement; c'est du moins ce qui se pratique à Paris.

plusieurs titres du droit romain ; et souvent sur d'autres matières, soit de droit commercial, soit de procédure civile, soit de droit criminel, lorsqu'elles ont quelque analogie avec les matières du Code civil échues au sort. (1)

S'ils sont admis à cette thèse, ils obtiennent un certificat d'aptitude sur lequel le ministre leur confère le grade de licencié, grade nécessaire pour être reçu avocat et magistrat (2), qu'on exige même à présent, dans diverses administrations publiques, et que depuis long-

---

(1) On joint, par exemple, au titre du domicile du Code civil, celui de l'ajournement du Code de procédure ; à une partie du chapitre des testamens du Code civil, une partie de la loi sur le notariat; au chapitre des délits et quasi-délits du Code civil, les titres ou chapitres du Code criminel sur la prescription, et du Code pénal sur la complicité et les excuses; au titre de la société du Code civil, celui de la société du Code de commerce, etc., etc.

(2) Cette règle est établie depuis long-temps. *Voir* édit de 1679, déjà cité, art. 16 et 17; déclaration du 6 août 1682, également citée, art. 13; etc.

temps, l'on a proposé d'exiger pour les fonctions d'avoués et de notaires établis auprès des cours royales, tout comme d'exiger celui de bachelier pour les mêmes fonctions exercées auprès des tribunaux de première instance. (1)

Nous omettrons faute de temps, les épreuves et les études prescrites pour les aspirans au doctorat. (2)

(1) On l'a d'abord officiellement annoncé pour les notaires, dans l'Exposé des motifs de la loi sur le notariat. — *Voir* Moniteur du 16 ventose an xi (7 mars 1803), p. 678.

(2) Après les 3 années d'études exigées pour la licence, 1° ils suivent pendant une 4e année, le cours de Pandectes (s'ils ne l'ont pas déjà suivi), deux des cours de Code civil, et les cours d'histoire du droit, de droit des gens et de droit constitutionnel.

2° Ils subissent 2 examens : le 1er, sur les Instituts et les Pandectes, fait par 5 examinateurs; le 2e, sur le Code civil et les 3 cours ci-dessus, fait par 6 examinateurs (un suppléant est appelé à ces examens et à la thèse).

Enfin, ils soutiennent devant cinq examinateurs, une

Nous nous arrêterons à diverses conditions ou règles, exigées ou prescrites pour les aspirans aux autres grades.

Ils doivent d'abord prendre eux-mêmes, en personne, leurs inscriptions dans la première quinzaine de chaque trimestre , c'est-à-dire écrire de leur main , leurs noms et prénoms, leur lieu de naissance , leur âge et le numéro de l'inscription, et enfin signer... Ces registres, cotés et paraphés, sont clos, sans aucun retard, à la fin du quinzième jour.

Il ne s'agit plus ici, on le voit, de ces registres jadis antidatés de 3 mois, de 6 mois, de 9 mois, etc., à l'aide desquels on faisait commettre jusques à huit faux matériels à-la-fois , pour le simple grade de bachelier. (1)

thèse sur des matières de droit romain et de droit français (tirées au sort), et plus étendues que les matières des thèses de licence ; par exemple, sur tout le titre des obligations conventionnelles, qui forme le sujet de plusieurs matières pour les thèses de licence.

(1) Dans les Facultés où l'on n'avait pas de semblables

Il s'agit encore moins de ces faux par sup-
position de personnes, où un individu prenant

registres, on éludait les lois sur le temps d'études, sur
l'âge où l'on pouvait obtenir les grades, et sur les inter-
stices (intervalles) qui devaient les séparer (par exemple,
la licence, du baccalauréat), en obtenant des lettres-pa-
tentes dispensant de ces diverses conditions.

Nous avons fait un relevé des dispenses accordées pour
les élèves ou soit-disant élèves de la Faculté de Paris,
depuis 1778 jusqu'à 1790. Elles s'accordaient, selon
toute apparence, avec une extrême facilité, car notre tableau contient trois cents noms, et tous de gens absolument inconnus, si l'on en excepte une dizaine tenant à
des familles de robe, mais dont aucun même ne s'est tiré
de l'obscurité, ou par des emplois dans la magistrature,
ou par le plus léger succès au barreau. En un mot, un
seul de ces trois cents privilégiés (M. E. S.) s'est montré
digne de la dispense par des talens et des services ; encore est-ce dans la politique ou l'érudition, et non dans
les carrières dont nous venons de parler.

Nous n'en sommes point surpris. Nous croyons même
que des élèves indignes d'une dispense, l'obtiendront
plus fréquemment que ceux qui la méritent , parce que
ces derniers, forts de la bonté de leur cause, se donne-

le nom d'un autre, écrit, au nom de ce dernier, ce que celui-ci seul pouvait écrire; nous

ront moins de peine pour la faire réussir. En voici un
exemple pris entre les dispenses, par bonheur fort peu
nombreuses, accordées sous la restauration. Vers le premier décembre, on présenta deux demandes en permission de prendre l'inscription qui aurait due être prise les
quinze premiers jours de novembre. L'une émanait d'un
élève de la Somme, retenu, disait-il vaguement, par une
maladie non spécifiée, et dont les *précédens* étaient :
1° Un ajournement à son premier examen; 2° une réception avec une boule noire; 3° une absence totale aux
leçons des deux derniers trimestres. L'autre était formée
par 4 ou 5 élèves du midi (Ardéche, Drôme, etc.), dont
la voiture avait été retenue plus d'un jour à Tarare, par
un amoncellement de neiges (l'admirable route actuelle
n'était pas ouverte), fait constaté authentiquement par un
procès-verbal du buraliste de la diligence, vérifié par le
maire de Tarare, auquel ces étudians s'étaient présentés
en personne. Ils n'avaient pu à cause de cet obstacle, arriver à Paris que le 16 novembre, à l'aube du jour. Dès
neuf heures du matin, ils étaient venus à l'école, et y
avaient trouvé le registre clos le 15, à minuit, suivant
les règles. Ils avaient dès ce jour suivi leurs cours avec

rougirions si nous pouvions concevoir même
la simple idée qu'un seul de nos nombreux
éléves fût capable, soit de prendre une inscription pour un autre élève, soit de coopérer à ces
falsifications d'inscriptions, ou d'examens, ou
de diplômes qui ont déjà conduit sur les bancs
des cours d'assises, des personnages étrangers
aux écoles de droit.

Pour être admis dans les salles d'enseignement, il faut avoir pris des inscriptions ; mais
les professeurs ne refusent jamais des cartes
d'auditeurs bénévoles à des personnes con-
nues, ou présentées, ou recommandées, ou enfin munies de papiers, tels que des passeports,
de sorte que l'enseignement est réellement
public.

Les examens et les thèses le sont encore

exactitude. Lors de leur premier examen, ils n'avaient
eu aucune mauvaise note; un ou deux avaient même obtenu des boules blanches... Leur réclamation fut écartée ;
celle de l'élève de la Somme fut accueillie.

7

davantage s'il est possible ; aucune carte n'est exigée pour être admis dans les salles consacrées à ces épreuves.

Elles se font pendant un espace de temps assez long pour s'assurer de l'instruction des candidats ; il faut par exemple, une heure et demie pour la thèse d'un docteur ; une heure pour celle d'un licencié, et pour chaque examen de docteur ; deux heures ou deux heures et demie, pour un examen de 4 aspirans à la capacité, ou de 4 bacheliers ou de 4 licenciés (1). Jadis, un espace de temps semblable n'était pas assurément nécessaire pour un examen de bachelier, tel que celui dont nous avons déjà parlé, et qui se réduisit à ces deux seules questions, auxquelles un élève de huit jours aurait honte aujourd'hui, de voir borner son

(1) Nombre des examinateurs : trois pour le 1er examen de baccalauréat ; quatre, pour l'examen de capacité, le second examen de baccalauréat et les premier et second de licence ; cinq pour la thèse (à ces 3 dernières épreuves, il doit y avoir nécessairement un suppléant).

épreuve. *Qu'est-ce que la tutelle? Combien y en a-t-il d'espèces?* (1)

Les juges de ces épreuves y apportent, non une rigueur propre à intimider, mais une juste sévérité. La loi, leur devoir, l'intérêt public le leur prescrivent. Nous ne reverrons point à l'avenir, nous en sommes convaincus, se reproduire cette scandaleuse pratique de la communication des réponses, comme cela eut lieu pour le même bachelier. Quelque simples, en effet, que fussent les deux questions déjà rapportées, on lui remit par écrit les réponses suivantes :

« La tutelle est une puissance donnée à une « personne libre pour en défendre une autre « qui ne le peut elle-même à cause de la fai- « blesse de son âge. »

« Il y a trois espèces de tutelles : la tutelle testamentaire, la légitime, la dative. » (2)

(1) Voy. à la fin du discours (p. 64), la note A.

(2) Voir même note A.

Nous ne saurions nous empêcher à cette occasion, de faire une remarque assez curieuse, dussions-nous déplaire aux admirateurs enthousiastes du temps passé. Jadis les professeurs se montraient extrêmement faciles dans les épreuves, afin d'attirer, disait-on, les candidats, et d'accroître ainsi le casuel des examens et des thèses, partie importante de leurs honoraires. Eh! bien : l'école moderne où le casuel forme la portion la plus considérable des honoraires, l'école de Paris suit précisément un système opposé, sans s'inquiéter de la réduction de revenus à laquelle il l'expose. Elle est, ou au moins elle a la réputation d'être la plus rigoureuse de toutes dans les épreuves (1). Chaque année scholaire, plusieurs des élèves par elle ajournés, sollicitent la permission de réparer leurs échecs devant des

(1) Voyez, au sujet de cette réputation, la note B placée à la fin du Discours (p. 72), où nous donnons une espèce de statistique des examens de l'école.

écoles de départemens (1); et nous n'avons pas connaissance que des élèves ajournés par celles-ci, aient demandé à subir un nouveau jugement devant l'école de la capitale.

Les inscriptions aux écoles de droit, nous l'avons dit, se prennent au commencement des quatre trimestres de l'année scholaire, savoir, novembre, janvier, avril et juillet. Quatre inscriptions, faisant supposer une année d'étude, sont nécessaires pour l'admission à l'examen de capacité; 4, pour le 1er, et 8, pour le 2e examen de baccalauréat ; 12, pour la thèse de licence; 16, pour celle de doctorat. Mais ces inscriptions ne suffisent pas seules; elles doivent être accompagnées d'un certificat d'assiduité aux leçons pendant le temps qu'elles concernent, certificat délivré par chacun des professeurs dont on a dû suivre les cours. Les professeurs ont des moyens différens de constater l'assiduité; par exemple, des appels spéciaux (2),

(1) Voyez à la fin de notre discours (p. 77), la note C.
(2) Les deux professeurs de procédure sont dans l'u-

des signatures, des billets de présence, ou bien des questions adressées au postulant de certificat. Les élèves ne doivent donc pas se reposer sur la circonstance, que depuis plusieurs années on ne fait plus d'appels généraux, appels d'ailleurs quil est libre à un professeur de rétablir s'il le juge convenable ; ils doivent sentir au contraire, qu'il est très facile aux professeurs de reconnaître en faisant un fort petit nombre de questions, si l'on a été ou non assidu, et ces questions, ils les font surtout lorsqu'un élève demande à passer à une autre école, l'expérience ayant prouvé que ces mutations avaient surtout pour objet d'échapper à des examens auxquels des professeurs peu assurés d'une complète exactitude, se-

sage de faire de ces sortes d'appels, pour les aspirans au certificat de capacité, de leur adresser même des questions sur les matières enseignées... Il s'en fait aussi pour les élèves dont les cartes ne sont pas signées, pour ceux qui demandent d'être examinés avant la fin de l'année scholaire, etc.

raient disposés naturellement à apporter plus de sévérité que de coutume.

Il est donc nécessaire que, lorsque un évènement imprévu, comme la mort ou la maladie d'un parent, nécessite le départ d'un élève, surtout avant la fin d'un trimestre, il demande individuellement un congé à chacun de ses professeurs, parce qu'ils jugeront alors s'ils pourront lui accorder un certificat d'assiduité dans le cas où il ne reviendrait pas prendre les inscriptions des trimestres ultérieurs.

Il nous reste à vous entretenir, messieurs, d'une mesure préparatoire, dont nous avons différé à dessein l'indication. Il s'agit du baccalauréat ès-lettres. On ne peut, à moins qu'on ne borne ses prétentions à l'obtention d'un certificat de capacité, être admis à s'inscrire dans une école de droit, si l'on n'est pas porteur du diplôme régulier de ce grade.

JEUNES ELÈVES!

Ceci nous amène à vous citer une des premières maximes qu'on va sous peu de jours, vous développer. Elle est au commencement du premier titre des Instituts.

Jurisprudentia est divinarum atque humanarum rerum notitia....

« La jurisprudence est la connaissance « des choses divines et humaines.... »

Quelle définition ambitieuse, penserez-vous !.... Oui, sans doute, vous auriez raison si vous la preniez dans toute la latitude du sens qu'elle paraît offrir... Il n'est donné à aucun homme d'avoir cette connaissance, et eussent-ils tous cette prodigieuse intelligence qui fut accordée à un Napoléon, à un George Cuvier (1), ils reconnaîtraient à chaque instant, qu'il est beaucoup et beaucoup de sciences

(1) L'occasion se présente naturellement de reproduire cette citation, déjà faite dans notre *Mémoire sur la vente du mobilier des mineurs*, lu à l'Académie des Sciences morales et politiques, le 17 juin 1837, et inséré dans le journal des Avoués (tome 53, p. 389 et suiv.)

dont ils sont bien loin encore d'avoir pénétré les profondeurs.

Mais la définition est très juste si vous l'appliquez aux élémens généraux des sciences principales, à ceux en un mot, dont vous avez besoin d'être instruits pour obtenir le baccalauréat ès-lettres. (1)

. Vous le verrez quand vous aurez terminé vos études de droit. Que vous soyez placés dans le barreau, ou dans un parquet, ou dans la magistrature; avocats, membres du ministère public, juges, presque chaque jour vous apercevrez combien l'étude de ces élémens vous est utile pour une défense, ou pour des réquisitoires, ou pour des décisions. Vous pourrez sans doute, et le juge y est par fois

(1) En voici l'indication d'après le Nouveau Manuel complet des aspirans au baccalauréat ès-lettres (in-8, Paris, 1837) : rhétorique, histoire ancienne, histoire romaine, histoire du moyen âge, histoire moderne, géographie, philosophie, mathématiques élémentaires, physique, chimie, astronomie.

contraint, avoir recours aux lumières de ceux qu'on nomme des experts, des gens de l'art; mais comment apprécier le résultat de leurs recherches, si vous êtes absolument étrangers aux mêmes élémens? Comment pourrez-vous faire l'application de cette règle importante, un des objets de votre seconde année d'études, *le juge, si sa conviction s'y oppose, n'est pas tenu de suivre l'avis des experts* (1)? Comment se formerait en vous cette

(1) Cette règle à laquelle par fois on ne donne pas assez d'attention et qui est dans notre cours de procédure, 4e édition, 1821, page 3o6 (6e, 1836, p. 344), a été adoptée dans le royaume des Deux-Siciles, comme nous le voyons par la traduction de cette édition (*Corso di procedura civile*, del sig. BERRIAT-SAINT-PRIX, *seconda edizione italiana*, corredata *della giurisprudenza del regno delle Due Sicilie, Napoli, dalla tipografia di Criscuolo*, 3 vol. in-8°, 1826) et où il est dit (t. 2 , p. 64) : *il giudice non è obligato a seguire il parere de' periti se la sua convizione vi si oppone;* et l'on trouve à-peu-près les mêmes termes dans la traduction de notre 5e édition (1825), faite en 1826-1827, par M. Giuseppe Nicolas Rossi , t. 1, p. 134

conviction exigée par la loi, si vous étiez dé-
pourvus des mêmes élémens ?

D'ailleurs, lorsqu'il s'agit de les acquérir,
JEUNES ÉLÈVES ! que de ressources n'avez-vous
pas aujourd'hui et qui ont manqué à vos pères ?
Dans les anciennes universités, il y avait bien
une faculté ou école, dont nous ne vous avons
point parlé, qu'on nommait la faculté des *arts*
et où auraient dû être enseignées toutes les
sciences naturelles ou mathématiques, à l'ex-
ception de la médecine, à laquelle était réservée

(il giudice se la sua convizione vi si oppunga, non è
obligato à seguire l'opinione de' periti.)

N. B. La traduction de 1826, imprimée chez Criscuolo,
nous a été apportée à l'instant même où allait s'ouvrir la
séance à laquelle notre Discours était destiné, par M. Aimé
Champollion fils, employé au département des manuscrits
de la bibliothèque royale, qui vient de faire avec succès,
grâce aux honorables recommandations de M. le comte
Molé, un voyage à Naples et à Rome pour y chercher
les souvenirs et les documens de l'histoire des rois Nor-
mands et des princes français de la maison d'Anjou.

une faculté distincte .. Eh ! bien, dans plusieurs universités, les deux chaires de la faculté des arts étaient vacantes dès long-temps avant la révolution (1); et dans celles où elles étaient occupées, si nous exceptons l'université de la capitale , qu'enseignait-on ?.... Nous aimons mieux le passer sous silence que d'attribuer à leurs titulaires, des torts qui leur appartenaient moins qu'au temps où ils vivaient. Nous aimons mieux surtout vous inviter à porter vos regards sur les établissemens dont vous êtes entourés, et à les fréquenter pendant les intervalles de vos études et de vos leçons de droit.... Jardin des plantes, collège de France , faculté des sciences, écoles des mines, de médecine (2) et de pharmacie... vous ne sauriez pour ainsi dire,

(1) Notamment à Orange (almanach général du Dauphiné, 1787, p. 304, 1788, p. 399, 1789, p. 384).

(2) Quelques-uns de nos auditeurs ont paru éprouver de la surprise à l'indication de cette école : ils oubliaient sans doute, qu'un des cours les plus utiles pour le barreau et la magistrature , est le cours de *médecine légale*.

faire un pas sans rencontrer une de ces institutions célèbres, où professent tant de savans
illustres que l'Europe ou plutôt le monde entier envie à la France ?

Et nous avons omis la faculté des lettres !
C'est encore à dessein... Si les élémens des
sciences sont utiles aux hommes de loi, les
élémens des lettres leur sont indispensables.
Tous ont besoin de connaître l'art d'écrire avec
élégance ou au moins avec correction. Il ne
faut pas surtout qu'ils reproduisent ce langage
vicieux et souvent barbare de leurs devanciers.
Il ne faut pas qu'ils s'exposent à la critique la
plus fâcheuse en semblable occurrence, à la
critique des étrangers, car presque tous les
étrangers doués d'un peu d'aisance, connais-
sent la langue française, et l'on a vu des rois
(nous l'avons remarqué dans une solennité
semblable à celle-ci), on a vu, disons-nous, des
rois de pays voisins, la parler avec une rare élégance (1)... Il faut au contraire que les élèves

(1) Autre occasion naturelle de reproduire ce que

aient toujours présens à leur pensée ces beaux
vers du législateur du Parnasse (1):

Sans la langue en un mot, l'auteur le plus divin
Est toujours, quoique il fasse, un méchant écrivain.

Voyez d'ailleurs quelle perspective encou-
rageante s'offre à vos regards! à combien de
gens de loi, l'alliance heureuse du droit et de
la littérature n'a-t-elle pas profité depuis un
demi-siècle? combien d'entre eux n'a-t-on pas
vus être appelés par le suffrage si flatteur de
leurs compatriotes, à faire entendre leur voix
dans une des chambres de la législature? ou
bien être placés par le choix honorable du
gouvernement, dans les postes les plus émi-
nens de la magistrature et du ministère public,
ou sur les bancs de la Chambre des Pairs, ou
enfin dans les premiers emplois de l'administration supérieure?

nous avions déjà dit dans un autre mémoire (*Discours sur
les vices du langage judiciaire*, cité ci-devant, p. 7, note 2).

(1) Boileau, art poétique, ch. 1, vers 161, 162.

Excités par une émulation louable, JEUNES
ÉLÈVES ! vous vous efforcerez, nous en émet-
tons le vœu en terminant ce discours, qu'un
peu plus de temps nous eût permis d'abréger
et de rendre plus correct et moins aride, vous
vous efforcerez de marcher sur leurs traces par
votre zèle, par votre exactitude, par votre application et votre constance au travail ! Vous
les prendrez surtout pour modèles, dans leur
soin scrupuleux à remplir, même en leur
donnant plus d'étendue, les engagemens qu'ils
contractèrent et que vous contracterez bientôt
vous-mêmes, avant d'entrer en fonctions : dé-
voûment aux intérêts de l'indigent et de l'op-
primé, soumission aux lois, fidélité au roi, atta-
chement aux maximes et aux institutions établies ou confirmées par la charte constitution-
nelle ! (1)

(1) A la suite de ce discours, le doyen par intérim a
annoncé que les leçons de la faculté de droit commence-
raient dès le lendemain 6 novembre, et indiqué les cours
qui s'ouvriraient ce jour-là.

NOTES FINALES.

—

A. Récit de la réception d'un bachelier dans une ancienne université (note renvoyée des pages 18, 19, 50 et 51, texte et notes).

Il arrive au mois d'octobre 1787 (on n'était jamais en vacances lorsqu'il s'agissait de conférer des grades), un après-midi, dans une ville où siégeait une école de droit. Il est mené chez le secrétaire par un aubergiste. Le secrétaire le conduit chez le recteur de l'université. Le recteur fixe son examen et sa thèse au surlendemain matin; amélioration qu'il avait introduite, disait-on, sur la demande des aubergistes, car avant son rectorat, on recevait les candidats, le jour même de leur arrivée.

De l'hôtel du recteur on se rend à la maison du professeur-trésorier. Après lui avoir fait consigner la rétribution du baccalauréat, le professeur-trésorier lui dicte huit inscriptions sur huit registres différens et ouverts à des dates antérieures, savoir : le premier, à une date remontant à deux années ; le second, à une date remontant à 21 mois ; le troisième, à dix-huit mois, et ainsi de suite.

Autre visite chez le professeur des instituts, vieillard vénérable, au moins octogénaire, patron ou présentateur (1) des candidats. Il renvoie à son fils, le postulant. Le fils tire de son bureau, 1° un feuillet de papier sur lequel sont écrits une thèse latine de droit canonique, et deux argumens contre cette thèse, avec leurs réfutations ou réponses.

2° Un autre feuillet beaucoup plus petit, où est rapporté en entier l'examen à subir, c'est-à-dire les deux questions suivantes, avec les réponses :

1re *Quid est tutela ?*

Rép.. Est vis ac potestas in capite libero, ad

(1) Dans des thèses anciennes, on nomme *Parreins*, ces patrons ou présentateurs (thèse du 19 mars 1564, archiv. de la mairie de Grenoble, sac 570, liasse 1, n. 29).

9

Rector nobilissime, et entre parenthèses, découvrez-vous et faites un salut très profond à celui qui est assis à la droite du dais (un dais couvrait le siège de l'évêque, chancelier de l'université, qui n'assistait presque jamais aux thèses); *Antecessores consultissimi* (un salut, un peu moins profond, à ceux qui sont assis à la gauche du dais ou à la droite du recteur); *Doctores aggregati meritissimi* (un salut, encore moins profond, à ceux qui sont assis devant les murs latéraux de droite et de gauche).

Ces salutations faites, le candidat commençait à lire la thèse: *incipio thesim, in nomine,* lorsqu'il sent tirer fortement sa robe par le patron, et entend celui-ci dire à mi-voix et avec un gémissement étouffé: heu! heu! heu! *Consules illustrissimi!* — Où sont-ils? dit le candidat. — Là, là, répond le patron, en indiquant deux personnages vêtus d'un habit très commun, assis à la suite de deux agrégés, et auxquels le candidat n'avait pas fait attention, parce qu'ils avaient posé sur un banc, le chaperon rouge,

formément aux ordonnances, dont on indique les dates (voyez-les ci-dessus, page 17, note 1), *acrem disputationem* duabus horis *habuit.*

marque unique de leur dignité.. Et tout-à-coup, se ravisant, le patron crie au candidat: recommencez!.. Il fallut alors reprendre les saluts au très noble recteur, etc., pour arriver aux très illustres consuls.

Dans ce cours de civilités, le candidat n'était point oublié, comme on pourrait le croire aujourd'hui après avoir assisté à quelque examen ou thèse. Chacun de ses antagonistes, avant de lui pousser son argument redoutable, ou proposer sa question embarrassante, lui faisait aussi une salutation. Mais comme le *meritissimus* agrégé devait d'abord en faire également au recteur, aux professeurs, etc. et que les courbes des salutations étaient décroissantes, celle qu'on lui destinait se trouvait réduite à une simple flexion de tête, semblable aux flexions des magots qu'on trouvait encore sur les cheminées des petites villes. En revanche, et par une sorte de compensation, on lui donnait une qualification pompeuse, réservée aujourd'hui aux docteurs candidats de concours, celle de *candidate ornatissime*, qui devait embarrasser la modestie de plus d'un aspirant.

Avec cette passion pour l'étiquette et les super-

latifs, nous avons été surpris que les professeurs
de la même école ne se donnassent pas la qualification de *comtes*, à laquelle prétendaient les professeurs de droit au bout de vingt ans de service,
qu'on trouve à chaque assemblée dans les registres
de la faculté de Paris, qu'ils placent dans toutes
leurs inscriptions (1) et que, suivant un témoin
oculaire (feu M. Dacier, secrétaire de l'Académie des
Inscriptions), le savant Bouchaud leur prodiguait
dans ses oraisons: *consultissimi antecessores et co-
mites...* Mais peut-être le seul patron du bachelier
avait-il alors les vingt ans de services.

Le lauréat apprit du patron, en l'accompagnant
chez lui (civilité indiquée par le secrétaire), les
causes de l'espèce de pensum qu'il venait de rece-
voir. La veille au soir, un bachelier était venu demander son admission à la licence. Le recteur, devant aller à la campagne après la thèse du lendemain, avait abandonné sa méthode de renvoyer au

(1) On voit dans une de nos salles, un portrait de La Coste (Janus-
à-Costa) donné en 1788, à la Faculté par son doyen, Edmond Mar-
tin, qui a ajouté à son propre nom, *antecessor et comes.*

second jour, et fixé à la même matinée, la thèse de licence. Cette thèse, à cause du grade du nouveau venu, avait été placée immédiatement avant celle du futur bachelier, et les consuls avaient été invités à y assister, tandis qu'ils n'avaient pas le droit d'être convoqués pour les thèses de baccalauréat. Ils étaient restés à celle-ci ; le patron s'en était aperçu trop tard, et de crainte d'un procès, dit-il, à cause de l'omission du *consules illustrissimi*, il avait tout fait recommencer.

Son explication de l'omission des dix-neuf vingtièmes au moins du symbole de Nicée, fut fort naïve. Elle avait pour but de ménager les scrupules des protestans et des juifs, assez nombreux dans la contrée. (1)

(1) A plus forte raison ne demandait-on pas aux candidats le certificat de catholicité, exigé par la fameuse déclaration du 14 mai 1724 (*Recueil des lois anciennes,* etc., t. XXII, p. 261 et suiv.), pour être admissible aux grades et à tous emplois publics (*id.,* art. 12 et 13), quoiqu'on la cite dans le même diplôme. (N. B. Au bout d'un ou deux mois, on dut se dispenser de la citer, parce qu'elle fut abrogée par l'édit de novembre 1787, qui rendit leur état civil aux protestans de France. (*Voir,* et pour cet édit, et pour la législation antérieure, le Répertoire de M. Merlin, mot *Religionnaires,* § 3 et 6.)

Nous n'avons rien dit du sujet de la thèse, sujet puisé dans le droit canonique; il serait peu permis aujourd'hui de l'indiquer, même dans son texte latin, et le sujet de la thèse du licencié, préféré pour l'heure, était encore plus étrange.

B. *Elèves ajournés aux examens de l'école de Paris* (note renvoyée du texte, p. 52, et de la note 1, *ibid.*)

Nous y parlons de la réputation de rigueur qu'a l'école de droit de Paris. Comme une réputation est souvent usurpée, il ne sera pas inutile de voir si celle-ci a quelque fondement. Voici l'extrait d'un tableau officiel dressé sur les registres (tout le monde peut en vérifier les élémens), des épreuves subies à l'école de Paris, pendant l'année scholaire du 1er novembre 1837 au 31 août 1838.

Examens de capacité : ajournemens	29
1er de baccalauréat . . . *id.*	285
2e . . *id.* . . . . *id.* . . .	237
3e ou 1er de licence. . . *id.*	168
4e ou 2e *id.* . . . . *id.*	110
Thèses de *id.* . . . . *id.*	69.

Le rapport du nombre des candidats ajournés, au nombre des candidats examinés, varie selon l'espèce d'examen. Ainsi, pour les examens de capacité, il est du tiers ; pour les premiers et seconds de baccalauréat, il est de plus du quart ; pour les premiers de licence, de plus d'un cinquième ; pour les secons de licence, de plus d'un septième ; pour les thèses, de plus d'un dixième. (1)

On conçoit que le rapport doit diminuer d'étendue, si l'on peut parler ainsi, à mesure qu'on se rapproche de la dernière épreuve, parce que les élèves ajournés aux premières, redoublent de travail pour échapper à des échecs lors des dernières.

D'après cette considération, les candidats au doctorat devraient réussir encore plus facilement

_____

(1) Au premier trimestre de cette année scolaire, ou au trimestre de novembre 1837, il y a eu 3,162 inscriptions (le premier trimestre est, chaque année, celui des quatre où elles sont le plus nombreuses).

Puisque l'occasion s'en présente, nous dirons que le nombre des élèves en droit ne s'accroît pas sans cesse, comme on l'a avancé dans un journal. Il paraît, au contraire, avoir atteint, il y a quelques années, son *maximum*. Voici leur nombre, à Paris, aux trimestres de

que les candidats aux thèses de licence, et néan-
moins on observe le contraire, car il y en a eu un
tiers d'ajournés à chacun des deux examens de ce
grade (1). En voici la raison : comme ce même grade
ne peut servir que pour la carrière de l'enseignement, les examinateurs exigent et doivent exiger
des candidats, des connaissances, et plus vastes, et
plus sûres.

novembre des cinq dernières années scholaires, et de celle qui vient
de s'ouvrir (Registre clos le 15 du présent mois de novembre 1838).

Novembre	1833.	Inscriptions	3,286
—	1834.	—	3,422
—	1835.	—	3,454
—	1836.	—	3,278
—	1837.	—	3,162
—	1838.	—	3,154

N. B. Le nombre des inscriptions sera, selon toute apparence,
encore moins considérable l'an prochain, parce que celles des élèves de première année ont été moins nombreuses en novembre 1838
qu'en novembre 1837.

(1) Savoir, 17 au 1er examen, et 10 au second. Si l'on joint ces
deux nombres à ceux qu'on a rapportés plus haut, le total des
ajournemens prononcés à Paris, dans la même année scholaire, s'est
élevé à *neuf cent vingt-cinq.*

Nous n'avons point parlé des candidats admis avec une mauvaise note, c'est-à-dire avec une boule noire (1), parce qu'on n'a point renouvelé depuis long-temps une mesure employée pendant plusieurs années au ministère de la justice, celle de prendre la note des boules d'examen, ce qui servait souvent de base dans les nominations à des places de suppléans, de substituts, de juges , lorsque surtout on hésitait entre deux postulans , parce qu'il était naturel alors, de préférer le gradué reçu avec des boules blanches, à celui qui avait eu des boules noires. Si l'on revenait à cette mesure, nous dirions que pendant la même année scholaire, une boule noire a été donnée à 333 candidats de premier examen de baccalauréat, à 274 de second examen , à 230 de 3e examen (1er de licence), à 193 de 4e examen (2e de licence), et à 136 de la thèse, c'est-à-dire à plus du tiers des candidats des trois premières épreuves, à plus du quart de ceux de la 4e, et au 5e de ceux de la thèse. (2)

(1) Deux noires suffisent à Paris, pour l'ajournement, quel que soit le nombre des examinateurs.

(2) Si l'on joint ces nombres à ceux dont sont résultés les ajour-

Nous ne serions pas entrés dans ces détails fasti-
dieux ni dans ceux qu'offrira la note suivante, sans
une circonstance particulière. Au moment où nous
allions envoyer notre Discours à l'imprimerie, on
nous a parlé d'un mémoire publié par un journal
de jurisprudence, et où un étranger propose de
changer tout-à-fait le personnel des examinateurs,
et, nous assure-t-on, de substituer aux professeurs
à qui la loi elle-même (22 ventose an xij, art. 6)
confie les examens, des jurés étrangers aux écoles.
Peut-être les mêmes détails engageront-ils l'auteur
à réfléchir sur son système, d'autant plus que, d'a-
près l'observation suivante de M. Valette (1), il ne
paraît point approuvé par beaucoup de savans

nemens indiqués plus haut, on verra que pendant la même année
scholaire on a donné dans les diverses épreuves, plus de *trois mille
quatre cents boules noires* (des ajournemens sont prononcés, non-
seulement à deux, mais à trois et à quatre boules noires).

(1) M. Valette a été nommé dans deux concours, d'abord suppléant, et ensuite professeur à l'école de Droit de Paris. Nous ne
croyons pas qu'il y ait beaucoup de professeurs auxquels un seul
concours ait suffi comme à lui, soit pour la suppléance, soit pour la
chaire.

étrangers. « Dans les entretiens que j'ai eus cette
« automne, dit M. Valette, avec les professeurs
« des universités de Hollande, je les ai trouvés
« convaincus que les examens faits devant d'autres
« que les professeurs, nuisaient aux progrès
« scientifiques des élèves, les examinateurs étran-
« gers n'étant point au courant des idées nouvelles.
« Je citerai entr'autres, comme profondément imbus
« de cette opinion, les savans professeurs de
« Leyde, MM. Torbecque et Van-Assen. » et, dans la
réalité, en Hollande, ce sont les seuls professeurs des
universités (Leyde, Utrecht et Groningue) qui font
les examens, même des étudians des athénées d'Am-
sterdam, de Deventer et de Franecker, dont les professeurs peuvent délivrer les certificats d'assiduité
exigés par les lois.

C. *Elèves ajournés à Paris, qui demandent de passer dans une autre école* (note renvoyée de la
page 53, texte et note 1).

Les demandes de ces élèves sont souvent renvoyées
par M. le Ministre, soit à la faculté, soit au doyen
pour avoir leur avis, et quelquefois admises ou re-

jetées sans renvoi. Elles sont donc dispersées dans divers papiers, registres, mémoires, etc.... Pressés par le temps, nous n'avons pu en dresser un état nominal complet, et qui par conséquent offrirait un nombre de demandes plus considérable que le suivant. (1)

Le total de ces demandes d'après notre état in-complet, s'élève pour l'année scholaire de 1837, à trente-quatre, savoir, 15 pour passer à des écoles de départemens sans désignation spéciale, 9 pour pas-ser à celle de Toulouse, 4 à celle de Strasbourg, 2 à celle de Grenoble, et un à chacune des écoles d'Aix, de Dijon, de Poitiers et de Rennes.

D. *Choix des professeurs par la voie de conduite* (note renvoyée de la p. 26, note 1).

Au moment où l'on allait mettre sous presse la première feuille de notre Discours, on nous a fait une observation qui nous engage à dire encore ici un mot du choix des professeurs par la voie de

(1) Ce nombre serait d'ailleurs bien autrement considérable, si beaucoup d'élèves n'étaient détournés de former ces sortes de de-

conduite, dont il est question, dans les mêmes page
et note.

La conduite était passée pour un fort petit nombre d'années, quelquefois même pour une seule,
sauf à la renouveler si les parties étaient mutuellement
satisfaites. On l'employait pour le premier *liseur* ou
lecteur (professeur), et quelquefois pour le second.
Les villes étant généralement fort pauvres, avaient un
extrême intérêt à appeler des lecteurs d'une haute
réputation, afin de s'indemniser de leurs honoraires,
par les dépenses des élèves qu'ils attireraient. On
en voit la preuve dans notre Histoire de l'université
de Grenoble (p. 416 et 431, texte correspondant aux
notes 56 et 95) : d'une part, en 1560, les auberges
de Grenoble ne purent suffire à loger les élèves ac-
courus aux leçons de Govéa et de Gribald, et, de
l'autre, la ville, en 1566, fut obligée d'emprunter

mandes, par diverses circonstances, telles que l'embarras et les frais
d'un déplacement, et surtout la crainte de dévoiler par là à leurs
parens ou àleurs compatriotes, des échecs qu'il leur est assez facile
de cacher. On en a vu se représenter au même examen jusqu'à
trois ou quatre fois (c'est-à-dire après avoir été ajournés à cet examen, deux et trois fois); il en est même trois qui se sont représentés

pour payer aux héritiers de Govéa , les honoraires
arriérés dus à celui-ci depuis plusieurs années.

jusques à six fois ; le temps n'a pas permis au secrétaire de compléter par cet état, les documens si curieux dont nous avons extrait la
note B, et qui ont exigé de sa part, un travail et un zèle dignes des
plus grands éloges.

FIN.

www.ingramcontent.com/pod-product-compliance
Lightning Source LLC
Chambersburg PA
CBHW071251200326
41521CB00009B/1717